NOUVELLES OBSERVATIONS

SUR

LE DIALECTE ARABE DE L'ALGÉRIE,

PAR M. CHERBONNEAU.

1862

EXTRAIT N° 8 DE L'ANNÉE 1861

DU JOURNAL ASIATIQUE.

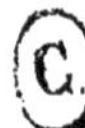

NOUVELLES OBSERVATIONS

SUR

LE DIALECTE ARABE DE L'ALGÉRIE.

M. Ernest Renan a dit dans son excellente *Histoire des langues sémitiques* (chap. II, p. 383) : « L'arabe littéral ou l'arabe écrit, comme toutes les langues savantes, est sans dialectes; l'arabe vulgaire, c'est-à-dire l'arabe de la conversation, parlé depuis le Tigre jusqu'au cap Blanc, ne pouvait manquer d'en avoir. Chaque province a ses expressions préférées, ses tours familiers, ses habitudes particulières de prononciation. Les divergences néanmoins sont assez peu considérables, et il faut avouer qu'une langue vulgaire, parlée sur une si vaste étendue de pays et offrant un si grand caractère d'unité, constitue un phénomène surprenant. » Appliquée au nord de l'Afrique, et principalement à l'Algérie, l'opinion du savant académicien perd quelque chose de sa valeur. En effet, pour peu que l'on se mette en rapport avec les habitants de notre colonie, on ne tarde point à découvrir, au milieu des inversions, des irrégularités et des incorrections qui caractérisent la langue usuelle, tout un système de vocables forgés en dehors des dialectes de l'Arabie, de l'Égypte et de la Syrie. Ce serait même un travail interminable que d'en dresser la liste.

Je veux soumettre aux lecteurs du Journal asiatique quelques nouvelles observations faisant suite à mon premier essai imprimé dans le numéro du mois de décembre 1855. Je ne citerai ici que les mots dont le type accuse une transformation notable dans le langage local, et qui tiennent leur consécration de la fantaisie et de l'originalité d'une population essentiellement attachée à ses habitudes. Par ces exemples, on jugera mieux de quelle nature sont les divergences, et combien il serait regrettable de les avoir soustraites à l'attention des philologues.

Le principe de la concrétion en est la base; mais on n'y surprend presque aucune trace d'agglutination. Il serait difficile de trouver un verbe d'une formation analogue à celle de وشحل, *ouachḥal* « demander à quelqu'un des nouvelles de sa santé », qui est une contraction de la formule de politesse واش حالك, *ouach ḥal-ek* « Comment est ton état? » et de كساسى, *kesâsa*, futur *ikesâsi* « réduire à la mendicité », qui est un mélange de la particule ك et de l'adjectif *sâsi* « mendiant ». Une prédilection marquée pour les paradigmes âpres, massifs et sonores, dirige l'opération dont j'ai étudié les procédés. C'est ainsi que par l'addition d'une ou de plusieurs lettres au radical, on a obtenu رنقط, *rangot* « nieller », de la racine رقط; — كنبل, *kenbel* « encapuchonner un faucon », racine كبل; — عرقن, *arkan* « empêcher, embarrasser », de عقل, transformé d'abord en قرعل, puis en فرعن; — لعبن, *laaben* « baver », de la racine لعب; — تملصق, *temolsok* « se coller après quelque chose », de la racine لصق; — هلوس, *heloueß* « troubler complétement l'esprit de quelqu'un », de la racine هلس.

Quelques verbes doivent naissance à des substantifs ou à des adjectifs verbaux, comme نيشن, *neichen* « viser à la cible », de la racine نيشان.

Parmi les infinitifs de fabrication berbère, il faut signaler تحراميت, *tahramit* « propension au mal », de la racine *haram;* — تيهوديت, *teihoudit* « manière d'agir particulière aux juifs », de l'adjectif *ihoudi*.

Les augmentatifs sont peu nombreux. Les plus usités sont :

كبرانية, *kebrania* « sotte vanité, fol orgueil », de la racine كبر.

نقصانية, *noksania* « peccadille », de *noksan*, qui est un des noms d'action du verbe *nakas*.

تخبانية, *takhbania* « cachotterie », racine خباء.

وطاية, *outaia* « grande plaine », racine وطا.

بصايلة, *bsaïla* « gros oignon », racine بصل.

La classe des adjectifs comprend, entre autres, deux paradigmes qui se rattachent à la forme quadrilitère. Le premier prend un *élif* avant la dernière radicale; le second met un *élif* après la deuxième radicale, et un *ia* à la fin.

1er paradigme. زروال, *zerouâl* « qui a un trait dans l'œil », du verbe *zerouel.*

زعباط, *zaabât* « qui a l'habitude de ruer », racine *zaabat.*

كعوان, *kaouân* « qui marche clopin-clopant », racine *kaouen.*

خلواط, *khelouâṭ* « qui n'a pas de suite dans les idées », racine خلط. Quelques indigènes, notamment ceux de Bône, prononcent *kherouâṭ.*

2e paradigme. فوارغي, *fouareṛi* « adonné à la fainéantise », racine فرغ.

برادعي, *bradèi* « fabricant de bâts », racine *berdaa.*

زرازحي, *zrazeḥi* « astucieux », racine *zerzaḥ.*

زوالي, *zaouâli* « pauvre », racine *zal?*

تفاتفي, *tefâtefi* « qui s'occupe à des bagatelles », racine *teftef.*

دخاخني, *dekhâkheni* « fumeur », racine *dokhkhan*, « fumée ».

فراكسي, *frâkesi* « saltimbanque », racine *ferkess.*

جغابلي, *djeṛâbeli* « rabâcheur », racine *djeṛbel.*

Il existe un troisième paradigme d'adjectifs qui intercale un *élif* et un *ia* entre la deuxième et la troisième radicale, et place un autre *ia* à la fin. En voici des exemples :

فرايجي, *frâidji* « amateur de spectacles, curieux », de la racine *ferdja.*

صنايعي, *ṣanâie'i* « industrieux », du substantif *ṣanaa.*

نزايعي, *nezâi'ei* « querelleur », racine *naza*.

ضلايلى, *ḍelâili* « injuste », de la racine *ḍall*.

كرايشى, *krâichi* « qui sacrifie tout pour satisfaire sa gourmandise, son ventre » (*kerch*).

Les altérations du radical, qui ne sont pas moins fréquentes dans le dialecte arabe de l'Algérie que dans les patois de la France, se rapportent à différentes causes, comme le déplacement des lettres ou l'adoucissement d'une consonne. Ainsi personne ne dit *la'an* « il a maudit »; *chems* « soleil »; *djouab* « réponse »; *saoua* « il a fait régulièrement »; *chetem* « injurier »; *chedjra* « arbre ». La seule prononciation usitée pour ces mots est : *na'al*, *semch*, *oudjab*, *ouasa*, *chemet*, *sedjra;* elle se trouve dans la bouche des oulémas, aussi bien que chez les gens du peuple, à la ville, comme sous la tente. Une des anomalies les plus frappantes est celle qui a changé le verbe دشّش, *dechchéche* « commencer à, s'essayer à marcher », en ددّش *deddéche*. Quant à la prononciation des lettres, il est à remarquer que le *noun* et le *lam* se substituent souvent l'un à l'autre, et que le *sâd* dégénère quelquefois en *zein*. Par exemple, on dit :

غلم, *relem* « brebis », au lieu de غنم.

علوان, *eu'louan* « étiquette, adresse », pour عنوان.

ماجن, *madjen* « citerne », pour ماجل.

فنجال, *fendjal* « tasse à café », pour فنجان.

خرطال, *khorṭal* « seigle », pour خرطان.

فيجل, *fidjel* « rue (plante) », pour فيجن.

زدم, *zdem* « s'élancer tête baissée », pour صدم.

زفّارة, *zeffara* « sifflet », au lieu de صفّارة.

Le *ra*, précédé d'un *kha*, se transforme en *lam*, par euphonie, comme dans le mot :

خيلى, *khaili* « giroflée », au lieu de خيرى.

Le *djim* s'assimile au *zein*, quand il le précède. Exemple :

يزّى, *izzi* « il suffit », pour يجزى.

L'*élif* ne se soutient qu'à grand'peine dans bien des cas. On le prononce comme un *é* dans le substantif امير, *émir;* il ne se fait sentir qu'une fois dans اولاد, *oulad* « enfants », et disparaît tout à fait dans ابريق, qui sonne *brik* « aiguière, broc », dans امراة, *mra* « femme », et dans الافعى, *el-afa'a* « la vipère, » que l'on prononce *lefa'a,* comme si le *lam* de l'article faisait partie du mot. Par contre, les indigènes font entendre un *élif* devant un bon nombre de mots commençant par le *mim*, et ils disent *embarek*, *emcha*, au lieu de *mbarek*, *mcha*.

Mais au lieu d'avoir un rôle purement euphonique dans les verbes suivants, l'*élif* épenthétique indique un commencement d'action. Exemple :

طوال, *ṭouâl* « commencer à s'allonger », racine *ṭâl.*

خضار, *kheḍâr* « verdoyer, devenir vert », racine *khaḍar.*

قدام, *kdâm* « devenir ancien », racine *kdem.*

Je renvoie le lecteur à la liste détaillée que j'ai donnée de ces verbes dans le numéro de décembre 1855. C'est là que sont expliquées, par des exemples choisis, leurs différentes significations, ainsi que les nuances heureuses que leur formation a introduites dans le langage.

Le *ia* est aussi un élément essentiel de corruption dans le dialecte auquel je consacre cette étude. Les parties du discours qui en ressentent l'influence, sont les pronoms, les substantifs, les verbes et les adverbes. Plus d'une fois même il s'y montre accompagné d'un *élif* de prolongation. Ainsi, l'on dit برية, *beria* « lettre, missive », au lieu de براة, *bra;* — مراية, *mraia* « glace, miroir », au lieu de مراة; — انايا et انتايا, *anaia* « moi », *entaia* « toi », à la place de *ana*, *enta;* — مليان, *melian* « plein », pour ملان; — هنايا, *henaia* « ici », هكذايا, *hakedaia* « comme cela », pour *hena*, *hakeda*. A l'aoriste des verbes défectueux dont la dernière radicale est un *waw*, il se substitue à cette lettre, et يغزو, *ieṛzou* « il fait une razzia », devient يغزى, *ieṛzi*.

Le redoublement des consonnes, suite naturelle du penchant à forger des paradigmes lourds, a fait de *nemla* « fourmi » *nemmala;* de *demla* « apostume » *demmala;* de *belaredj* « cigogne » *bellaredj* (πελαργός); de *istana* « il attend » *istenna*, etc. C'est ici le lieu de rappeler ce que j'écrivais au sujet de la huitième forme des verbes dans le langage africain (*Journal asiatique*, avril 1852, p. 379). Le ت servile a été rapproché de l'*élif*, et en même temps redoublé par une opération semblable à celle de la huitième forme des verbes assimilés. D'où il résulte qu'à l'exception de trois ou quatre verbes, tels que *iḥtamal*, *idjtama'*, *ichteka*, tous les dérivés appartenant à ce modèle prennent la syllabe *itt* devant leur première radicale. En outre, ils ont la propriété de rendre l'idée de possibilité, de facilité et de proclivité; ils se traduiraient dans notre langue par des verbes réfléchis ou par des adjectifs en *able*, *ible*, *uble*. Exemple : اتّشرب, *ittechrob* « être potable, se laisser boire »; اتّفهم, *ittefehm* « se comprendre, être intelligible »; اتّرفد, *itterfed* « être portatif »; اتّباع, *itteba'* « se vendre aisément, être d'un débit facile ».

Cependant les divergences fondamentales consistant moins dans les infractions à la grammaire que dans le tour d'esprit des Africains et dans le nombre des expressions provinciales, je n'hésite point à abréger cette première partie pour exposer des arguments d'un intérêt saisissant. D'un côté, ce sont des locutions vives, elliptiques et souvent très-pittoresques; de l'autre, ce sont des familles de mots d'un type conventionnel, modelé à plaisir, quelquefois même n'ayant rien de commun avec le génie sémitique.

Les idiotismes communiquent à la conversation ce je ne sais quoi qui la nuance et en relève les allures ; mais personne n'en connaît la source. Chaque individu a contribué à leur naissance, suivant la mesure ou la teinte de son imagination. J'en ai recueilli beaucoup dans mes fréquents entretiens avec les indigènes. A Tébessa, à Tlemcen, à Biskara, à Constantine, d'un bout à l'autre de l'Algérie, j'ai noté avec soin toutes les locutions qui avaient le goût du cru, et je ne crois pas avoir fait une chose complétement inutile. Il faut classer dans le nombre certaines locutions métaphoriques dans le genre de celles-ci :

حليب امّه ما زال فى سنانه, en parlant d'un jeune homme sans expérience;

الجليد بايت يحلب « il a tombé du givre pendant toute la nuit »;

الـنـو تصبّ خيطيّن من السمآ « la pluie tombe à verse »;

امراة قبيحة تطيّر الجنون من السماء, en parlant d'une femme qui a un mauvais caractère.

مزّى روحه « il prit un air menaçant »;

جرى قلبه لـهـا « il sentit de la sympathie pour elle »;

نبيعوا على باب الله « nous vendrons à l'amiable »;

الحال حال الله « la misère est grande »;

وليد باب الله « un homme insouciant »;

هو فى الماء, en parlant d'un portrait ressemblant; on dit aussi ما راح ما جاء, ou bien encore زيه فى الماء.

ريح فى ريح, ou bien الريح فى الشبكة, pour dire « inutilement, en vain. »

Une infinité d'idiotismes proviennent de l'agencement des particules et des pronoms personnels affixes, comme : بها بها « tout droit, sans s'arrêter »; — فيهْ بهْ « tout de suite »; — منه قايد منه امين الفلاّحه « il pourrait remplir les fonctions de caid aussi bien que celles de prévôt des laboureurs »; — ما ذا بى على وظيف

« je voudrais bien obtenir un emploi (pour *ma hada bi*, combien cela serait agréable à moi..... »); مانى ش قد بعضى « je ne suis pas dans mon assiette ».

D'autres idiotismes empruntent leur valeur à la répétition des mots. Exemples : العسكر ماشيين زوج زوج « les soldats marchent deux de front; » — يا هو يا انت « vous ou lui »; — كما جاء كما راح « il s'en alla comme il était venu »; — ريال ريال « un franc la pièce »; — قبالة قبالة « tout droit ».

Il y a encore des locutions adverbiales qui méritent d'autant plus d'être citées, que l'analyse en est plus difficile. Telles sont les suivantes :

والله الّا انت مهبول « en vérité, vous êtes fou »; — خطّاى واين يكتبوا العرب « les Arabes écrivent bien rarement »; — لو كان نعاود لك الغرايب الكلّ الّى شفت تحبّ لى نهار ويا ربّى « si je vous racontais toutes les merveilles que j'ai vues, il me faudrait plus d'une journée (vous me souhaiteriez une journée, et ô mon Dieu) »; — المزية خنص للضربة « par bonheur, il esquiva le coup »; — من حقّك تخدم « vous devriez travailler »; — بالواجب عليك تعمل « il serait naturel que vous fissiez »; — جيبه بالسيف والّا بالحلّ « amenez-le de gré ou de force »; — مرّة فى فال « une fois par hasard »; — الّى عينه فى حاجة « celui qui se propose de..... »

Il faut ajouter à ces constructions les deux suivantes, que l'usage a consacrées : جازت بى عينى « le sommeil s'est emparé de moi »; — ولينا فيهـا « nous ne nous entendons plus ».

J'arrive au trait caractéristique de la langue vulgaire, au registre interminable des termes créés en dehors du véritable arabe. C'est par centaines qu'il faut compter les acceptions nouvelles, les racines de superfétation récente et les emprunts faits à des idiomes étrangers. Sans parler des mots dont l'introduction remonte aux Romains, tels que دردروس « grive » (*turdus*); — فـرمـاس « abricot sec » (*firmus*); — قرّوش « chêne » (*quercus*); — آلم « orme » (*ulmus*); — قطينة « chaîne d'or qui entoure le cou d'une femme » (*catena*), l'oreille surprend dans la conversation maint vocable nouveau, dans le genre de سرخ « partir subitement » (arme à feu); — سيّق « laver à grande eau les appartements »; — عرّوج « grand chapeau de palmier nain, recouvert de plumes d'autruche »; — فرّوم « brèche-dent »; — هـوّد « descendre »; — عكرى « rouge écarlate »; — مصمص « rincer »; — خزوط, *khezouét* « faufiler un habit »; — خنتب « faire des démarches secrètes », d'où l'adjectif *khenâtebi;* — حترب « avoir un bourrier dans l'œil », d'où le substantif *ḥatrouba* « bourrier »; — كركف « trier »; — جلوح et شلوح, qui signifient tous deux « éventer, produire du vent en agitant l'air avec une étoffe ou un éventail »; — دحنن, *daḥnen* « amignonner, caresser de la voix »; — تفرتت, *tefertet* « s'attendrir (cœur) »; — كبّبوش, *kebebbouche* « pâquerette »;

— قمير, *guemir* « jalon »; — مزعوق « laid »; — زعّك « mettre à la porte »; — بقّط « allumer »; — تعجّل, *teheddjel* « devenir veuve »; — متكلّماني, *motekellemani* « qui a de la hardiesse pour parler », adjectif dérivé de *motekellem*, qui est le participe de *tekellem;* — تسركب, *teserkeb* « aller en pente (terrain) »; — *te-kharkhib* par deux خ « crevasse », substantif tiré du verbe *kharab;* — *djezoua* « petite cafetière contenant une seule tasse »; — *fakira* « exorciseuse »; — *ouddef* « dénoncer »; *chati* « désireux », adjectif verbal de *cheta*, qui est une abréviation, ou, pour mieux dire, une altération de *icheteha* « désirer »; — *lati* « occupé », barbarisme dérivé du verbe *ilteha.*

La connaissance de l'arabe pur suffirait-elle pour comprendre le langage de l'Algérie? La pratique des dialectes de la Syrie et de l'Égypte donnerait-elle la clef de celui qui est en usage à Constantine, à Alger et à Tlemcen? Le contraire est démontré par d'innombrables séries de néologismes autant que par le mécanisme qui les fait mouvoir. J'ai noté, analysé, expliqué les particularités essentielles; j'ai essayé également de retrouver les moules dans lesquels avaient été coulées les expressions les plus hétéroclites. Que le lecteur ne repousse point la sécheresse de mes observations. En commençant, je m'étais proposé seulement de lui soumettre des listes alphabétiques tirées de mon carnet. Peu à peu le désir de rédiger une notice substantielle m'a conduit à donner à ces listes un ordre presque méthodique, et c'est en cela que j'espère avoir mérité l'indulgence de ceux qui s'intéressent à notre colonie.

Une espèce de dictionnaire, divisé en deux parties, complète mon essai. La première section contient des mots de tout calibre; la seconde ne renferme que des verbes modelés sur le type quadrilitère, qui est le caractère prédominant de ces formations modernes.

1° NÉOLOGISMES DE TOUTE FORME.

بروش *berech*, écailler un poisson; râper du sucre.

بزينة *bezina*, bouillie faite avec de la farine, du beurre et du sucre (Tunis). Ce mets diffère de l'*asida*, en ce que celle-ci ne prend pas de levain.

بدرى *bedri*, le blé qu'on sème le premier

بردى *berdi*, le jonc à quenouille.

بشّيش *bechiche*, viande (Bou Saada).

بطّ *batt*, frapper (*ibid.*).

بعد *ba'ada*, déjà.

بغرير *barrir*, mets composé de farine cuite avec du beurre, du sel et du miel.

بقباقة *bogbaka*, gargoulette, vase à long col.

بكبوكة *bekbouka*, viande fricassée.

بكّش *bekkech*, réduire au silence, rendre coi.

بكّوش *bekkouch*, muet, coi.

بوّت *bewet*, se peler.

بوكوّار *bou kouwar*, cloporte (Alger).

بو لقّاز *bou leggaz*, tarentule noire du désert (Biskara).

بوهالى *bouhali*, insensé; racine ابله.

تغشّش *terachcheche*, se mettre en colère; racine غشّ.

تلغودة *telrouda*, noix de terre; *bunium bulbo castaneum*.

توّز *tewez*, fournir la corvée des labours ou de la moisson; substantif تويزة *touiza*.

جحفة *djahfa*, espèce de cylindre en terre cuite, fermé à l'une de ses extrémités par une feuille de parchemin, et servant d'instrument de musique (Biskara); synonyme de *derbouka*.

جدار *djedar*, réunion de plusieurs jardins de palmiers (Bisk.).

جرّوسة *djerrousa*, herse.

جغم *djorom*, boire à petites gorgées.

حدبى *heudbi*, bossu; racine احدب.

حاوز *hawez*, chasser, renvoyer.

حوّس *hawwas*, se promener.

حولى *hauli*, haik (Bou Saada.).

حميمش *hamimech*, echium pumile.

خريف *kherif*, fruit (Bou Saada).

خلطى *kholti*, qui a de mauvaises fréquentations. — خلط.

خمّم *khammam*, réfléchir, demeurer pensif.

خنزير *khanzir*, ouverture pratiquée dans un barrage par la force des eaux, affouillement (Bou Saada).

خنفوف *khanfouf*, muffle.

خمّس *khammes*, cultiver une terre en se réservant le cinquième de la récolte; on appelle le fermier *khammas*.

خواشمى *khouachemi*, priseur; racine خشم, nez.

خوَن *khouen*, futur *ikhouen*, voler. Ce verbe est une altération remarquable du verbe خان (Bou Saada).

دربن *derin*, aristida pungens.

دعلة *da'ala*, soufflure dans un plafond; bedaine.

دغبوجة *derboudja*, recoin.

دغدشة *derdecha*, teigne.

دلّس *delless*, recouvrir une hutte d'herbes ou de joncs.

دنون *denoun*, phelipea violacea.

دنّى *denna*, faire courir un cheval (Bou Saâda).

ربّج *rebbedj*, dévaliser une maison ; syn. *kachchache*.

رقيق *reguig*, cistus.

راب *rab*, futur *irib*, s'écrouler.

رسم *resem*, louer un terrain.

زابشى *zâbechi*, habile à expédier les affaires.

زاز *zâz*, futur *izouz*, tricher au jeu. Les *zein* sont très-emphatiques dans ce mot.

زبّالة *zebbala*, jardin potager (Mila) ; rac. *zebel*, fumier, engrais.

زدرة *zodra*, rhume de cerveau.

زردة *zerda*, repas religieux en l'honneur d'un saint.

زرّوف *zerrouf*, couronne de pierres précieuses à l'usage des femmes.

زعل *zaal*, être jaloux (Bou Saada) ; — زعّال *zaâl*, jaloux.

زلا *zela*, nier.

زلّوف *zellouf*, agneau.

زمزال *zemzal*, clou, abcès.

زمّم *zemmem*, dresser une liste, enregistrer.

زنبوع *zenbou*, cédrat.

زنزو *zenzou*, clématite sauvage.

زنّق *zennek*, prendre des faux-fuyants, employer des moyens détournés.

زها *zeha*, s'amuser ; substantif *zahou*, plaisir.

زهوانى *zahouani*, qui recherche le plaisir.

زيتة *zita*, limoniastrum guyonianum.

ساطور *satour*, crête rocheuse en lame de couperet.

ساقاط *sakât*, perclus.

سالمة *salma*, fièvre cérébrale.

سخف *sekhaf*, avoir envie de.

سدّة *sedda*, tribune pour les chantres dans une mosquée.

سرخ *serakh*, partir tout seul (arme à feu).

سريس *seris*, chicorée.

سطّر *saṭṭâr*, causer des élancements (mal aigu).

سطر *sṭar*, douleur lancinante.

سفساف *sefsaf*, blé peu nourri; au figuré, parleur dont la conversation est vide.

سكّش *sekkech*, dresser les oreilles.

سلام *selam*, galerie en bois qui sépare le premier étage du rez-de-chaussée; espèce d'entre-sol.

سلّة *sella*, sainfoin.

سمار *samar*, juncus multiflorus.

شاحن *chaḥen*, lésiner.

شرّع *cherra*, ouvrir (une porte).

شلفاطة *chelfaṭa*, ampoule.

شلّيقة *chelliga*, guenille.

شلّل *chellel*, argenter du cuivre; rincer des verres.

شعرانى *chaarâni*, velu (Alger).

ضاع *ḍa'a*, tomber dans la misère.

ضاق *ḍaḳ*, se mettre en colère (Bou Saada).

ضبع *ḍeba'*, devenir fou; *meḍbou*, fou (Bou Saada.)

طابس *ṭabes*, se baisser.

طبّش *ṭobbech*, retrousser ses moustaches.

طبّز *ṭobbez*, s'aplatir (objet gonflé).

عتروس *a'trous*, bouc.

عسلوج *a'sloudj*, tige de l'artichaut sauvage; forme alourdie de عُسلج.

عودة *a'ouda*, jument (Bou Saada).

عيشور *a'ichour*, feu d'herbes sèches.

عجينى *a'djini*, le blé qui donne la meilleure farine.

غردق *rardek*, nitraria tridentata.

فترة *fetra*, mesure en bois qui représente trois jointées.

فرّاى *ferrai*, indiscret.

فرخ *ferakh*, pluriel *feroukha*, bâtard (Bou Saada).

فرخة *ferkha*, mesure représentant trois saas. Le *saa* est de cent soixante litres.

فريدة *ferida*, petite dague.

فشّخ *fechchekh*, blesser à la tête (Bou Saada).

ڤاع *ga'a*, tout, adverbe (Bou Saada).

ڤانة *gana*, aussi.

ڤبجة *guebdja*, menton de galoche.

قراده *kirada*, tique.

ڤرطف *guertof*, lourdaud de campagne.

ڤرطلة *guertela*, manne en palmier nain.

ڤرنينة *garnina*, scolimus hispanicus.

قشّش *kachchache*, enlever les effets et les meubles d'une maison, la dévaliser; racine قشّ, effets.

ڤطّاية *guettaia*, chignon, cheveux relevés derrière la tête.

ڤفڤايفة *guefgaifa*, tremblement dans les membres.

ڤلّوزة *guellouza*, monceau; capuchon de burnous.

ڤناڤفى *guenaguefi*, libidineux.

ڤنطرة *kantara*, le dos d'une reliure.

قيّل *kaiiel*, passer la journée.

كشكارة *kechkara*, son choisi dont les paysans se nourrissent.

كيّل *keiil*, acheter des céréales à la mesure.

لقموم *lekmoum*, double menton; synonyme de غبّة, qui se trouve dans le lexique de M. Freytag.

لوز *louz*, formes occasionnées au cheval par un accident.

مازوزى *mazouzi*, le blé qui a été semé le dernier; racine مزّ.

متنان *metnan*, passerina hirsuta.

مرق *mereg*, partir (Bou Saada).

مرمز *mermez*, orge qui n'est pas tout à fait mûre.

مرى *mri*, miroir (Biskara); lorgnette (Constantine).

مزّ العشّ *mouzz el-e'uchch*, culot; dernier enfant né d'une nombreuse famille; le plus cher du nid.

مساسة *mesâsa*, plantain.

مسكية *meskia*, pimprenelle.

مطرق *metreg*, collier (Bou Saada).

نخّارة *nokkhara*, trou, fissure, fente par laquelle il y a fuite d'eau (Bou Saada).

نجم *nedjem*, pouvoir, v.

نزّه *nezzah*, beaucoup.

نغرة *narra*, timbale, instrument de musique.

نقّ *negg*, cueillir en faisant un choix.

نقودة *negouda*, petite poule.

نوى *noua*, futur *inoui*, être simple, crédule; avoir une confiance aveugle en quelqu'un.

ناوى *naoui*, crédule.

نيّة *niia*, loyauté, franchise; simplicité, crédulité. *Bil-niia*, tout franchement.

نوء *nau*, pluie.

ناوى *naoui*, pluvieux.

نفّاض *neffad*, le blé qui graine bien.

هبّز *hebbez*, commettre de graves erreurs dans un calcul.

ودّر *ouedder*, perdre, égarer.

ولفى *oulfi*, apprivoisé.

يغلب *ierlob*, beaucoup (Bou Saada).

2° QUADRILITÈRES DE FORMATION MODERNE.

I. VERBES QUADRILITÈRES, COMPOSÉS DE QUATRE CONSONNES DISSEMBLABLES.

• بجغط *bedjr'oṭ*, parler d'une voix peu distincte; synonyme de *djar'boṭ*, qui est un verbe onomatopique, composé des mêmes consonnes. Infinitif *tebedjr'iṭ*.

برشط *berchoṭ*, parler haut, parler sans ménagement. Infinitif *teberchiṭ*.

بشمط *bechmoṭ*, faire du biscuit; dérivé de *bichmâṭ* (Freytag).

برقط *bergoṭ*, nieller, orner de nielles.

بنطل *banṭol*, dauber quelqu'un à bras raccourcis; avec *fi*.

بنقص *banḳoṣ*, renoncer à un projet; avec *min*.

بهنس *behness*, chercher; employé à Biskara comme synonyme de *fettéche*.

جغبط *djarboṭ*, faire entendre un langage peu intelligible (enfant); inversion du verbe *bedjroṭ* (voy. plus haut).

جغبل *djarbel*, revenir souvent et inutilement sur un même sujet, rabâcher; adjectif *djerâbelī*, rabâcheur.

حرقص *ḥarḳoṣ*, tracer avec le pinceau une ligne de points noirs au-dessus des sourcils; cette ligne s'appelle *ḥeurḳaïṣ* حرقايص ; racine *ḥarḳouṣ*, insecte aux ailes ponctuées.

خربط *kharboṭ*, 1° s'embrouiller en parlant, ne pas savoir s'expliquer; 2° se brouiller avec quelqu'un. Exemples : بقوا مخربطين مع بعضهم «il y a de la fâcherie entre eux»; البلد راهى مخربطة «la ville est toute bouleversée». Infinitif *tekrabiṭṭ*.

خنثب *khantheb*, tâcher de trouver dans son esprit un moyen de réussir, de se tirer d'affaire. Infinitif *tekrantib*.

خنشب *khancheb*, pousser tout en branches (arbre); nom

d'act. خنشوبة *khanchouba*, petite branche, brindille; racine خشب *khachab*, bois.

خنطل *khanṭel*, agir avec ardeur et avec énergie; être de tout cœur à la besogne.

On voit ici des exemples de la tendance des Africains à assourdir certains mots par le *noun* épenthétique.

دربز *derbez*, mettre les fers aux pieds; *derbiza*, les fers que l'on met aux pieds, entraves pour les pieds (*compedes*).

دربل *derbel*, être en lambeaux, en loques; s'emploie surtout au participe passé *mouderbel*. — دربالة *derbala*, loque.

دلفق *delfoḳ*, faire des épargnes.

رغدن *rardène*, se plaindre à tout venant, faire des jérémiades.

زبرج *zebredje*, gazouiller (*garrire*); se dit des oiseaux et des petits enfants; nom d'act. *tezebridje*.

زرتل *zertel*, se sauver à toutes jambes; s'esquiver.

زلبح *zelbaḥ*, et souvent زبلح *zeblaḥ*, avec une inversion des deux lettres médiales, tromper, duper; nom d'act. *tezelbiḥa*, tromperie. — *Tezelbaḥ*, être trompé, se laisser duper; adjectif *zelâbeḥi*, trompeur, زلابحى.

زنجر *zendjer*, se moisir et prendre une teinte verte; racine *zendjar*, vert-de-gris.

سرنف *sernef*, passer un nœud coulant autour du cou; nom d'act. سرنيفة *sernifa*, nœud coulant.

شنبط *chanboṭ*, grimper en s'aidant des pieds et des mains; racine تشبّط *techabbaṭ*, adhæsit ramis.

شنتر *chantére*, médire de quelqu'un, le déchirer à belles dents; dans Freytag, *laceravit vestem*.

شنطف *chanṭef*, former la houppe (roseau, sorgho).

طرشق *ṭarchaḳ*, faire craquer les membres d'une personne au bain; *teṭarchaḳ*, éclater, d'où *terchâḳ*, allumette. La deuxième forme a le sens neutre.

طلمس *ṭalmoṣ*, boucher; *el-aïn mouṭalmeça*, la source a été obstruée.

عترس *a'troṣ*, faire des embarras dans une société; se rendre désagréable par les embarras que l'on fait; dérivé du mot عتروس *a'trous*, qui signifie *bouc* dans le dialecte algérien.

فرزع *ferza'*, disperser, disséminer (voir *teferza'*).

فركت *ferket*, faire des recherches, synonyme de فتّش *fettèche*.

فركس *ferkess*, faire des tours de force, des culbutes; faire de la gymnastique; nom d'act. *teferkisa*, une culbute; adjectif verbal فراكسى *ferâkesi*, gymnaste; saltimbanque.

قربج *guebredje*, fouiller dans une maison pour y commettre des vols; adj. verb. قرابجى *guerâbedji*.

قربع *guerba'*, faire du bruit à une porte (voir *Journal asiatique*, décembre 1855, p. 554).

قرمش *guermèche*, croquer à belles dents, à peu près le même sens que *guerguèche* et *guerouèche* (voir ces mots).

قرنس *guerness*, épier, guetter, observer d'un point tout ce qui se passe autour de soi; racine قُرناس, éminence (Freytag).

قرطف *ḳarṭaf*, chercher à faire un bénéfice sur les objets qu'on est chargé d'acheter, comme les domestiques infidèles.

قعبس *ḳa'abess*, faire des contusions avec un corps dur.

قلفط *ḳalfaṭ*, retrousser son burnous, sa gandoura; *radjol moukalfaṭ*.

كردغ *kerdeṛ'*, s'épaissir, se coaguler, se former en grumeaux (sang); nom d'act. *kourdâṛa*, bosse; خرجت له كرداغة فى جبينه « il a une bosse au front ».

كرطف *kerṭef*, garrotter.

كشلف *kechlef*, se gercer; *moukechlef*, gercé.

كندر *kender*, avoir la respiration gênée et entrecoupée en dormant; infinitif *tekendir*. Cette expression est plus forte que le verbe شخر.

لكمت *lekmet*, ramasser des effets pêle-mêle et avec précipitation; chiffonner des effets.

مرقد *mergued*, causer de l'embarras; تمرقيدة *temerguida*, embarras occasionné par suite de désordre dans les affaires; ennui général.

نقرز *negrez*, se livrer à une loquacité étourdissante; étourdir quelqu'un par sa loquacité.

هربل *herbel*, avoir peur, trembler.

II. VERBES QUADRILITÈRES FORMÉS DE LA RÉPÉTITION D'UNE SYLLABE; VERBES ONOMATOPIQUES, FRÉQUENTATIFS, ITÉRATIFS.

بحبح *baḥbaḥ*, perdre la voix; se débattre en expirant; nom d'act. *tebaḥbiḥ*, aphonie; racine *baḥbâḥ*, voix d'une personne qui expire (Freytag).

بعبع *ba'ba*, bêler.

بقبق *bokbok*, suinter goutte à goutte (plafond).

تفتف *teftef*, tâtonner, être incertain; s'occuper de riens; تفتيفة *teftifa*, chose de mince valeur.

جغجغ *djardjar*, parler avec de grands éclats de voix.

خلخل *khalkhal*, ébranler, compromettre la solidité d'un édifice; dérivé du mot *khalkral*, anneau de pied un peu large, et qui est toujours en mouvement.

دردر *derder*, mélanger des substances.

دعدع *da'ada'*, secouer, ébranler; *dar mouda'da'a*, maison qui n'est pas solide.

زعزع *za'za'*, évincer quelqu'un; chasser brusquement.

زفزف *zefzef*, siffler en passant (balle); tourner en criant (girouette).

زقزق *zagzag*, craquer, en parlant des souliers neufs.

سرسر *serser*, couler, découler (farine, sable fin). Son imitatif qui se retrouve dans le mot latin *susurrus*.

چكچك *tchaktchak*, produire un bruit semblable à celui d'une *tchaktchaka*, cliquette, crécelle. Le nom d'action est indiqué par M. Freytag.

قشقش *ḳacheḳache*, ramasser et enlever les folles herbes et le duvet des plantes (vent). On appelle *guechegache* un bas-fond rempli de débris volants de végétaux.

كحكح *kaḥkaḥ*, plaisanter, débiter des drôleries, faire le farceur.

لطلط *loṭloṭ*, avoir une prononciation vicieuse, comme les jeunes enfants qui donnent à plusieurs consonnes le son du ط. — *leṭlouṭ*, qui a ce défaut. (Voyez le verbe *lesles* dans le *Journ. asiat.* décembre 1855, p. 555, l. 28.)

مصمص *moṣmoṣ*, rincer des vases; synonyme de شلّل *chellel*, qui est plus usité chez les citadins.

نزنز *neznéze*, marmotter entre ses dents, bourdonner en lisant.

هرهر *herhére*, avoir la diarrhée.

وزوز *ouezouéze*, picoter, causer des picotements; infinitif *téouezouiz*.

III. VERBES QUADRILITÈRES PRENANT UNE MÊME CONSONNE EN TÊTE DE CHAQUE SYLLABE.

دردب *derdeb*, faire du bruit; دردبة *derdeba*, divertissement des nègres accompagné de danse et de musique.

دردك *derdek*, faire du bruit avec les pieds; infinitif *tederdik*, piétinement.

زرزح *zerzaḥ*, glisser, se laisser glisser; *zerziḥa*, glissade;

جبل مزرزح *djebel mouzerzaḥ*, montagne schisteuse. Au figuré زرازحى *zerâzeḥi*, qui sait échapper par des faux-fuyants.

سفسط *sefsoṭ*, avoir recours à des arguments captieux; employer des sophismes; racine σοφιστής?

سمسر *semsèr*, faire le courtage; سماسرى *semâseri*, courtier.

شرشف *cherchefe*, avoir de la rouerie; adj. *cherâchefi*.

شرشم *chercheme*, faire crever du riz dans l'eau bouillante.

شغشب *chercheb*, tourmenter quelqu'un, lui causer des tracas.

شغشف *cherchef*, faire perdre à quelqu'un l'usage de ses facultés. On dit familièrement الله يشغشفك « que Dieu te fasse perdre la raison, qu'il te prive de ta tranquillité d'esprit! »

طرطق *ṭarṭaḳ*, faire craquer; broyer. Il est aussi neutre, comme dans cette phrase qui forme une allitération : يحرق ويطرطق « il brûle et pétille ».

طنطخ *ṭauṭakh*, vivre au sein de l'opulence.

قرقب *ḳarḳab*, faire du tapage en marchant avec des galoches de bois, قبقاب *kabkâb*.

قرقش *ḳarḳache*, faire disparaître de l'écriture par le grattage; infinitif *teḳarkiche*.

ڤرڤش *guerguéche*, être croustillant, craquer sous la dent; *teguerguiche el-laḥm*, le croquant de la viande; on appelle ڤرڤوش *guergouche* la partie de certains mets farineux qui reste au fond du vase où on les fait cuire, le gratin (voyez *guerméche*).

ڤنڤف *guenguéfe*, être enclin à la luxure; ne rien respecter pour satisfaire sa lubricité; adjectif verbal *guenâguefi*.

كمكر *kemker*, bouchonner, chiffonner des effets en les ramassant (voyez *lekmet*).

لهلج *lehledje*, être toujours en l'air (famil.).

IV. VERBES QUADRILITÈRES ADMETTANT AU NOMBRE DE LEURS LETTRES RADICALES UN ا, UN و, OU UN ى.

بعوق *ba'ouoķ*, aboyer.

خلوط *khelouet*, et plus souvent خروط *kherouét*, qui est une double corruption du verbe trilitère régulier خلط *khalat*; jeter le désordre, la confusion dans les affaires, tenir un langage semé d'absurdités. On emploie aussi ce mot trivialement pour dire *tripoter*.

خوشم *khauchéme*, priser, avoir la manie de priser; dérivé du substantif خشم *khechem*, nez. Expression plus familière que شمّ *chemm*, et نفّ *neff*, priser.

دروز *derouéze*, fouiller dans une maison pour la dévaliser; synonyme de ربّج *rebbedj*, qui manque aussi dans les lexiques.

دولش *dauléche*, se promener (usité plus particulièrement à Tunis); synonyme de حوّس *ḥawess* (dialecte algérien).

زريط *zeriet*, crier sur ses gonds (porte neuve).

زروط *zerouét*, lancer un bâton dans les jambes d'un lièvre (terme de chasse); au figuré, renvoyer quelqu'un aux calendes grecques.

زرول *zerouel*, avoir un trait dans l'œil, dans le regard.

زلوز *zélouéz*, se montrer coulant dans les affaires, promettre beaucoup sans rien faire, temporiser, louvoyer en affaires par manque de ressources; — corruption probable de سَلِس *saliça*, être lisse (adjectif verbal سَلِسٌ *saliçoun*, doux, facile, aimable). Les Africains ont une tendance marquée à changer le *sin* en *zein*, et même ils ajoutent au son de cette dernière lettre une certaine emphase.

زيفط *zifet*, et plus communément سيفط *sifet* (voyez ce mot).

سوجر *saudjer,* baillonner quelqu'un. La définition que donne M. Freytag est un peu différente; on lit dans son dictionnaire : *Saudjer,* attacher au cou d'un chien un morceau de bois que les Arabes appellent *sâdjour,* ساجور.

سيفط *sifeṭ,* envoyer un émissaire, dépêcher quelqu'un avec des ordres (très-usité dans la province d'Oran). A Constantine, il est employé dans une acception différente; comme dans cette phrase ; من اين نروح يسيفط فيّ *min eïne nerouḥ isifêṭ fi-ia,* j'ai beau faire, il me renvoie aux calendes grecques. — Il n'est peut-être pas illogique de prendre *sifét* ou *zifeṭ* pour une berbérisation du verbe trilitère زفت *zefet,* impulit, repulit, removit aliquem, molestia affecit aliquem Freytag).

شرول *cherouél,* couper de travers.

شونع *chouna',* crier à pleine tête, crier du haut de sa tête. Comme une personne qui crie fait nécessairement des grimaces, il n'est pas douteux que *chouna'* ne vienne « de *chana'a,* deformis fuit (qui se trouve dans le Dictionnaire de Freytag).

طاوش *ṭâouéche,* escarmoucher, tirer au hasard. Je trouve une grande analogie entre ce verbe et le trilitère طاش *ṭâche,* f. i. qui signifie *a scopo aberravit sagitta.*

فورغ *faurer',* s'abandonner à une oisiveté complète, n'avoir absolument rien à faire; dérivé du verbe فرغ *furar,* être vide.

فوضل *fauḍel,* être curieux ; racine فضول *foḍoul,* indiscrétion, bavardage indiscret; curiosité (Freytag).

قوقل *ḳauḳel,* engourdir les facultés (sommeil, diète).

كشلط *kechléṭ,* faire du bruit en passant dans les herbes sèches et dans les blés ; infinitif *tekechliṭ.* Cette expression, qui n'est autre chose qu'une onomatopée, a le même sens que le quadrilitère suivant.

كشوط *kechouét*, dont le nom d'action est *tekchouit*; racine كشط?

كوبخ *kaubekh*, être distrait, étourdi.

كوفخ *kaufekh*, frapper à tors et à travers, en parlant d'une personne que la colère emporte; dérivation évidente de كفخ, percussit fuste aliquem.

كوفر *kaufer*, saupoudrer de camphre, camphrer; racine كافور.

مغيب *merieb* s'absenter fréquemment; au figuré chercher à détourner la conversation, avec على de l'interlocuteur; racine غاب *râb*, futur *irib*.

نودر *nauder*, former des meules de foin ou de paille; نادور *nadour*, pluriel نوادر *nouader*, meule, meulon; racine ندر, former une éminence.

هتور *hétouér*, et non هوتر, comme je l'ai écrit dans mes Observations sur la formation du langage africain (*Journ. asiatique*, décembre 1855, p. 558), avoir le délire, délirer; dérivé du verbe هتر, qui signifie «faire tomber en enfance», vieillesse.

هدرى *hedra*, procurer une fraîcheur agréable (vent).

هلوس *heloués*, engourdir (sommeil), donner des ennuis; altération du verbe هلس.

V. VERBES QUADRILITÈRES DONT LES DEUX DERNIÈRES RADICALES SONT SEMBLABLES : CES VERBES SONT PEU NOMBREUX.

برنن *bernéne*, faire un trou avec une vrille (*bernina*). Ce berbérisme, qui provient de la reproduction inexacte du mot *berréme*, برّم, est fort usité à Alger. La prononciation régulière du nom de l'instrument est *berrima*.

دحنن *daḥnéne*, faire des tendresses à une personne; adjectif verbal *daḥnane*, féminin *daḥnâna*, chéri.

دلفف *delfèfe*, couvrir chaudement.

شرنن *chernène*, résonner (métal).

غانن *ṛânéne*, mettre de l'entêtement à ne pas accepter les raisons données par son interlocuteur, contester mal à propos et avec importunité, ergoter, مغانني *mṛâneni*, ergoteur. Déviation probable de la racine غنّ (voyez Freytag).

غلفف *ṛalfefe*, envelopper une bouteille de jonc ou d'osier; rac. غلف.

قلفف *ḳalfefe*, flatter bassement.

كعرر *ka'arere*, fatigûer quelqu'un de redites, tomber dans des redites ennuyeuses; adj. *ka'areri*.

كونن *kaunéne*, aimer à s'accroupir au coin du feu; racine كانون *kanoune*, fourneau en terre servant de *brasero* aux indigènes pauvres, et sur lequel ils font aussi la cuisine.

لغبب *laṛbéb*, débiter des coq-à-l'âne; adjectif *laṛbâb*; racine لغب *laṛab*, « rem aliter narravit quam se habuit. » (Freytag).

VI. VERBES QUADRILITÈRES DE LA SECONDE FORME, DONT LA PLUPART SE TRADUISENT EN FRANÇAIS PAR DES VERBES PRONOMINAUX.

تبربر *teberbèr*, se corrompre, *se berbériser* (langage). Cicéron a dit : barbare loqui « faire des fautes de langage ».

تبركا *tebarka*, en avoir assez, avoir sa suffisance; dérivé de l'adverbe بركا *barka*, assez, qui est une corruption de بركة *baraka*, bénédiction.

تبندق *tebandoḳ*, adresser des flatteries basses; flagorner.

تبهرج *tebahradj*, se donner des airs de grand seigneur.

تحضرى *teḥadra*, devenir sédentaire, casanier; racine *ḥadri*, sédentaire. C'est ainsi que des adjectifs *berrâni* « paysan » et *beldi* « citadin » on a fait les verbes تبرنى *teberna*, *teberrena* « devenir paysan, prendre les manières de campagnard », تبلدى *tebelda* « devenir citadin, se civiliser ». Le procédé consiste à placer un ت devant la première radicale et à changer le *ya* en *imala*.

تحيذق *teḥaïdek*, déployer de l'esprit, se montrer spirituel; racine حذق *hadaḳ*, être fin, spirituel, ingénieux (Freytag).

تخلبس *tekhalbess*, faire des pasquinades; adjectif *khalbouss*; racine خلبس, qui signifie dans Freytag « séduire par des paroles doucereuses et mensongères ».

تدعدع *teda'da'*, être ébranlé sur sa base; racine *da'da'*, dont la signification est moins nette dans Freytag.

تزرقط *tezergoṭ*, se jouer de la crédulité publique, faire le marabout; adjectif *zerâgueṭi*, imposteur.

تزربط *tezerboṭ*, changer souvent d'avis, n'avoir aucune fixité dans les idées; racine *zerbouṭ*, toupie.

تزرقن *tezerkane*, être ébloui par une clarté trop vive; racine إزرقّ, neuvième forme de زرق, changée en تفعلن.

تطلمس *teṭolmess*, être ébloui, être forcé de fermer les yeux en arrivant subitement devant une vive clarté.

تعرقن *tea'rkane*, être empêché; voix passive du verbe *a'rḳan*, qui est un فرعن de عقل (*Journal asiatique*, décembre 1855, p. 554). En Égypte on dit *te'arḳal*.

تعولك *tea'oulek*, être flexible, se ployer aisément; — être visqueux, gluant; racine علك *e'ulk*, glu.

تعيزب *tea'izeb*, mener la vie de jeune homme; racine عزب, être célibataire.

تفرزع *teferza'*, se répandre, se disperser; exemple : تفرزعت عرمة القمح فى الطرحة على فدّاش من جهة *teferza'et e'urmet el-ḳomeḥ fi'ṭṭarḥa a'la ḳaddache min djiha*, le monceau de blé s'est répandu sur l'aire de tout côté. Mais, comme on dit : *teferza'et el-gouman*, « les goums se sont dispersés *au moment du combat* », je crois que ce verbe n'est qu'un فرعل de فزع, avoir une alerte.

تفرقع *teferḳa'*, crever, se crever. Comparer le verbe *ferḳa'* dans le lexique de M. Freytag.

تفرقد *teferguéd*, se disperser dans tous les sens, être mis en déroute.

تقرقش *teguerguéche*, se durcir par la cuisson, devenir croustillant (pain, biscuit).

تقرقع *teḳarḳa'*, apostropher quelqu'un avec insolence ; adjectif قراقعى *ḳerâḳe'i*, grossier en paroles.

تقوبع *teḳauba'*, se moquer de quelqu'un, avec على.

تقيقد *tekaïked*, sécher.

تكسدن *tekesdéne*, se laisser envahir par l'ennui. On dit souvent : *râni moukesdéne el-iaume*, je suis tout ennuyé aujourd'hui. Le participe *moutekesdéne* n'est pas usité. Faut-il voir dans ce verbe une corruption du verbe كسد *kesed*, molesta fuit alicui non emptores inveniens merx ?

تكعكس *teku'kess*, se déranger, se désorganiser ; racine عكس devant lequel on a mis le ت de la forme objective et redoublé le ك.

تكولف *tekaulef*, se charger d'une affaire sans y être invité ; altération évidente du verbe تكلّف *tekellef*, cinquième forme de كلف .

تكيهن *tekaihéne*, être fin, ingénieux, avoir de l'esprit naturel ; racine كهن.

تحكك *temaḥkék*, se frotter doucement et fréquemment contre quelqu'un, comme un enfant câlin ; racine حكّ. L'usage a placé, devant la racine arabe, deux créments dont je trouve l'application dans une de ces formes d'habitude qui ont été signalées pour la première fois par M. Hanoteau (*Essai de gramm. kabyle*, p. 156); seulement les Berbers emploient le ت au lieu du ت préfixe, et ils disent زر *zer*, voir, مزر *mzer*, être vu, se voir, تمزرى *tsemezera*, être vu, se voir réciproquement et habituellement. Cette observation concerne également les verbes ci-dessous : *temakhrag*, *temezkal*, *temechedek*, *temarzez*, *temalsok*, *temeriel*, *tema'ache* et *temenzèh*.

تمخرق *temakhrag*, parler de tout à tors et à travers; racine خرق.

تمريل *temeriel*, mener une vie de débauché; adjectif مريول *merioul;* racine روّل.

تمزقل *temezkel*, prodiguer les flagorneries; la racine est évidemment سقل ou صقل « lisser du papier, fourbir une arme », dont l's a pris le son du *z*, suivant la règle d'euphonie particulière aux Berbers [1].

تمشدق *temechedek*, avoir habituellement une conversation spirituelle, être fin dans ses reparties; racine اشدق *achedak*, beau parleur.

تمشمم *temechemème*, exhaler une odeur agréable, comme un bouquet, *mechemoun;* racine شمّ dont les deux dernières radicales restent dédoublées. On dit en plaisantant : المشموم يتمشمم شى *el-mechemoum itemecheméme*, le bouquet sent-il bon ?

تمعدن *tema'adéne*, débiter des contes inventés à plaisir, s'amuser à des riens; racine *ma'aden* « mine d'où l'on extrait des métaux ou des pierres précieuses ».

تمغرز *temarzez*, se mettre en rage contre quelqu'un, avoir un caractère irascible qui vous rend inabordable;

[1] *Essai de grammaire kabyle*, par le commandant Hanoteau, p. 9.

racine غرّ et mieux اغرّ, *multis durisque spinis prædita fuit arbor* (Freytag).

تمعاش *tema'ache*, et تمعيش *tema'ïche*, trouver ordinairement les moyens de se sustenter; racine عاش, vivre.

تمنزه *temenzèh*, rechercher les distractions; dérivé de نزه, qui signifie à la cinquième forme *s'amuser, se distraire*.

VII. ADJECTIFS VERBAUX PROVENANT DE VERBES QUADRILITÈRES PEU USITÉS OU TOUT À FAIT INUSITÉS.

مبحبح *moubaḥbaḥ*, en bon état, en bonne santé.

مبلبق *moubelbok̦*, ruiné par l'humidité; الحيط متاع هذه الدار مبلبق *el-haiṭ mta' had' ed-dar moubelbok̦*, le mur de cette maison est miné par l'humidité.

مخشخش *moukhachekhache*, grossier, crêpé (tissu); on dit dans le langage des tisserands : ينوّض الفلفولة كيف راس الوصيف *inaweḍ el-felfoula kif râs el-ouṣif*, crêpé comme une tête de nègre.

مرنقط *mourangoṭ*, niellé; corruption de رقط — ارقط, dans lequel on a introduit un *noun*. On dit aussi *bergoṭ* avec un *ba* devant la première radicale (voir plus haut).

مرونق *merounek̦*, coquet, prétentieux dans sa mise. Cette expression, qui est fort usitée à Biskara, où je l'ai entendue pour la première fois, est formée du mot arabe رونق, *nitor, splendor, pulchritudo*.

مزنبل *mouzenbel*, bombé, boursouflé; racine زنبيل *zenbil*, panier, corbeille, qui a remplacé l'expression arabe *zebil* dans le langage barbaresque. Nouvel exemple de l'introduction du *noun* dans un radical.

مشنتف *mouchentef*, éfiloqué (étoffe); racine شنتوف *chentouf*[1],

[1] Dans le dialecte algérien, *chentouf* désigne la calotte de cheveux qu'on laisse sur le sommet de la tête.

qui lui-même est une corruption du mot شنظوف *chenzouf*, « vertex cujuslibet rei » (Freytag).

معكلف *moa'klef*, gêné, embarrassé; exemple : لسانه ما زال معكلف *lisân-ho ma zal moa'klef*, il ne s'exprime pas encore avec facilité; racine عكلف, *reliquit?*

مغندف *mourandef*, qui a la conception lente.

مقبرج *mouguebredj*, en forme de galoche (menton).

مكشرد *moukechred*, crêpu.

Ne considérer le présent mémoire que comme un blutage patient de vocables et de paradigmes inédits, c'est déjà en formuler la justification. Mais les conséquences qui en émanent, plus précieuses elles-mêmes que la matière, nous révèlent d'une façon presque inattendue l'existence d'un provincialisme bien tranché dans le domaine de la langue arabe; et c'est un fait curieux que je suis heureux de soumettre à l'appréciation de l'illustre philologue M. Ernest Renan.

FIN.

PARIS. — IMPRIMERIE IMPÉRIALE. 1862.

www.ingramcontent.com/pod-product-compliance
Ingram Content Group UK Ltd.
Pitfield, Milton Keynes, MK11 3LW, UK
UKHW020947220726
13924UKWH00002B/550

9 782019 693657